I0490956

Assistente virtuale

La guida completa per diventare un professionista di successo

Disclaimer:

Questo libro è destinato esclusivamente a scopo di intrattenimento e non deve essere considerato come consulenza professionale o medica. Le informazioni fornite in questo libro sono fornite "così come sono" e gli autori non garantiscono l'accuratezza, la completezza o l'idoneità delle informazioni fornite. L'utente si assume la responsabilità dell'utilizzo delle informazioni fornite in questo libro. Gli autori declinano ogni responsabilità per eventuali perdite o danni causati dall'utilizzo di questo libro o delle informazioni in esso contenute.

Introduzione al mondo dell'assistenza virtuale

L'assistenza virtuale è un settore in rapida crescita che sta rivoluzionando il modo in cui le imprese gestiscono il proprio lavoro. Questo campo è diventato sempre più popolare negli ultimi anni grazie alla crescente domanda di servizi di supporto da parte di piccole e grandi imprese. Ma di cosa si tratta esattamente l'assistenza virtuale?

In poche parole, l'assistenza virtuale è un servizio di supporto offerto da un professionista indipendente che lavora in remoto per le aziende. L'assistente virtuale può svolgere una vasta gamma di attività, dalle attività di supporto amministrativo alle attività di marketing e social media, dalla gestione delle email al supporto al cliente.

Ma perché l'assistenza virtuale sta diventando così popolare? La risposta sta nella flessibilità e convenienza che offre questo tipo di lavoro. Per le aziende, l'assistenza virtuale significa non dover assumere personale a tempo pieno o affittare uffici costosi. Inoltre, l'assistenza virtuale offre un accesso a professionisti altamente qualificati e specializzati in una vasta gamma di competenze e servizi.

Per gli assistenti virtuali, questo tipo di lavoro offre flessibilità, indipendenza e la possibilità di lavorare con una vasta gamma di clienti in tutto il mondo. Gli assistenti virtuali possono scegliere di lavorare a tempo pieno o part-time, possono scegliere i loro clienti e definire il loro orario di lavoro.

Ma il lavoro di assistenza virtuale non è solo una questione di convenienza e flessibilità. È anche un lavoro altamente specializzato che richiede un'ampia gamma di competenze e conoscenze. Gli assistenti virtuali devono essere in grado di gestire una vasta gamma di attività e progetti, comunicare efficacemente con i clienti, gestire le proprie finanze e offrire un servizio clienti di alto livello.

Per diventare un assistente virtuale di successo, è necessario acquisire una vasta gamma di competenze e conoscenze, tra cui la gestione del tempo, la comunicazione, la gestione dei progetti e delle finanze, il marketing e le vendite, le tecnologie digitali e le abilità di problem solving.

Inoltre, gli assistenti virtuali devono sviluppare un'ampia rete di contatti e connessioni per costruire la propria attività e trovare nuovi clienti. Questo significa partecipare a conferenze e eventi di settore, utilizzare i social media per promuovere la propria attività e collaborare con altri assistenti virtuali.

In sintesi, l'assistenza virtuale è un settore in rapida crescita che offre molte opportunità per coloro che sono disposti a sviluppare le proprie competenze e conoscenze. Se sei una persona organizzata, altamente motivata e desiderosa di fare la differenza nella vita delle persone, diventare un assistente virtuale potrebbe essere la scelta giusta per te.

Cos'è un assistente virtuale

Un assistente virtuale (VA) è un professionista indipendente che fornisce servizi di supporto amministrativo, tecnico e creativo alle aziende, lavorando in remoto. Gli assistenti virtuali lavorano con una vasta gamma di clienti, dalle piccole imprese alle grandi corporazioni, fornendo servizi su base oraria, giornaliera o mensile.

Ma cosa fa esattamente un assistente virtuale? La risposta a questa domanda dipende dal tipo di servizi che l'assistente virtuale offre e dai bisogni specifici del cliente. Tuttavia, ci sono alcune attività comuni che gli assistenti virtuali svolgono:

1. Supporto amministrativo: questo include attività come la gestione delle email, la preparazione di documenti, la gestione delle prenotazioni, l'organizzazione di eventi e la gestione delle attività quotidiane dell'ufficio.
2. Supporto tecnico: gli assistenti virtuali possono fornire supporto tecnico per le attività informatiche, la manutenzione del sito web, l'aggiornamento del software e la gestione della rete.
3. Servizi di marketing e social media: questo include attività come la gestione dei social media, la creazione di contenuti per il blog, l'ottimizzazione dei motori di ricerca (SEO) e la gestione delle campagne di marketing.
4. Supporto al cliente: gli assistenti virtuali possono fornire supporto ai clienti, rispondendo alle loro domande, gestendo i reclami e fornendo assistenza tecnica.

Inoltre, gli assistenti virtuali possono offrire servizi specializzati in base alle loro competenze e conoscenze specifiche, come la contabilità, la progettazione grafica, la scrittura di contenuti, la traduzione e l'interpretazione.

Gli assistenti virtuali sono in grado di fornire questi servizi grazie alla tecnologia digitale, come il cloud computing, le applicazioni di videoconferenza e le piattaforme di gestione dei progetti. Questo consente loro di lavorare in remoto e di gestire il proprio lavoro in modo flessibile, offrendo un servizio personalizzato e su misura per i loro clienti.

L'assistenza virtuale sta diventando sempre più popolare grazie alla sua flessibilità, convenienza e la vasta gamma di servizi offerti. Gli assistenti virtuali sono altamente qualificati e specializzati in una vasta gamma di competenze e servizi, offrendo alle aziende l'opportunità di accedere a un supporto di alta qualità senza dover assumere personale a tempo pieno.

In sintesi, un assistente virtuale è un professionista indipendente che fornisce servizi di supporto amministrativo, tecnico e creativo alle aziende, lavorando in remoto. Gli assistenti virtuali offrono una vasta gamma di servizi personalizzati, utilizzando la tecnologia digitale per fornire un servizio di alta qualità e su misura per i loro clienti.

Storia dell'assistenza virtuale

L'assistenza virtuale è una professione relativamente nuova, che è nata con l'avvento della tecnologia digitale. Tuttavia, l'idea di lavorare in remoto e fornire supporto amministrativo e creativo alle aziende non è del tutto nuova.

Negli anni '70, le prime forme di lavoro da casa sono state introdotte, come il lavoro di trascrizione, la telescrivente e il lavoro di data entry. Questi lavori permettevano alle persone di lavorare da casa, ma erano limitati in termini di attività e servizi offerti.

Negli anni '80, con l'avvento dei computer e dell'Internet, il lavoro da casa è diventato più diffuso, e sono nati i primi servizi di supporto virtuale. Tuttavia, questi servizi erano ancora limitati in termini di attività e competenze offerte, e spesso si concentravano sul supporto amministrativo.

Negli anni '90, con l'espansione di Internet, il lavoro da casa è diventato più popolare e la professione dell'assistente virtuale ha cominciato a prendere forma. Gli assistenti virtuali stavano offrendo un'ampia gamma di servizi, dalle attività di supporto amministrativo alla progettazione grafica, alla gestione dei social media e alle attività di marketing.

Nel 1996, la International Virtual Assistants Association (IVAA) è stata fondata, offrendo supporto, formazione e risorse agli assistenti virtuali in tutto il mondo. Questo ha contribuito a stabilire l'assistenza virtuale come una professione seria e rispettata, e ha contribuito a definire gli standard e le migliori pratiche della professione.

Con l'espansione dell'e-commerce e del lavoro da remoto, l'assistenza virtuale è diventata sempre più popolare negli anni 2000. Gli assistenti virtuali stavano offrendo servizi a una vasta gamma di clienti, dalle piccole imprese alle grandi corporazioni, lavorando in remoto e fornendo un servizio personalizzato e su misura per le esigenze specifiche del cliente.

Oggi, l'assistenza virtuale è una professione in rapida crescita, con una vasta gamma di servizi offerti da professionisti altamente qualificati in tutto il mondo. L'assistenza virtuale è diventata una scelta popolare per coloro che cercano un lavoro flessibile e indipendente, ma anche per le aziende che cercano di accedere a competenze specializzate senza dover assumere personale a tempo pieno.

In sintesi, l'assistenza virtuale è una professione relativamente nuova che è nata con l'avvento della tecnologia digitale. Tuttavia, l'idea di lavorare da remoto e fornire supporto alle aziende non è del tutto nuova, e si è evoluta nel corso degli anni. Oggi, l'assistenza virtuale è una professione rispettata e in rapida crescita, che offre molte opportunità per coloro che cercano un lavoro flessibile e indipendente, e per le aziende che cercano di accedere a competenze specializzate.

Capacità richieste per diventare un assistente virtuale

Diventare un assistente virtuale richiede una vasta gamma di competenze e conoscenze. Essere un assistente virtuale significa essere in grado di gestire molte attività e progetti contemporaneamente, comunicare efficacemente con i clienti e gestire le proprie finanze. In questo capitolo esploreremo alcune delle competenze richieste per diventare un assistente virtuale di successo.

1. Capacità organizzative: gli assistenti virtuali devono essere organizzati e in grado di gestire molte attività e progetti contemporaneamente. Questo richiede la capacità di pianificare e priorizzare le attività, di gestire il tempo e di mantenere i progetti in pista.
2. Comunicazione efficace: gli assistenti virtuali devono essere in grado di comunicare in modo efficace con i clienti e con i membri del team. Questo richiede la capacità di comunicare in modo chiaro e conciso, di ascoltare attivamente e di rispondere in modo tempestivo alle richieste dei clienti.
3. Conoscenza tecnologica: gli assistenti virtuali devono avere una buona conoscenza della tecnologia digitale, come le applicazioni di videoconferenza, le piattaforme di gestione dei progetti e le applicazioni di produttività. Devono anche essere in grado di utilizzare i social media per promuovere la propria attività e collaborare con altri assistenti virtuali.
4. Competenze di marketing e vendita: gli assistenti virtuali devono essere in grado di promuovere i

propri servizi e trovare nuovi clienti. Ciò richiede una buona conoscenza del marketing digitale, come la creazione di contenuti per il blog, la gestione dei social media e l'ottimizzazione dei motori di ricerca.

5. Competenze finanziarie: gli assistenti virtuali devono essere in grado di gestire le proprie finanze, comprese la fatturazione, la gestione delle spese e la preparazione delle dichiarazioni dei redditi. Questo richiede la conoscenza delle leggi fiscali e delle normative sulla contabilità.

6. Capacità di problem solving: gli assistenti virtuali devono essere in grado di affrontare le sfide e di risolvere i problemi in modo efficace. Questo richiede la capacità di identificare i problemi, di analizzare le opzioni e di trovare soluzioni creative.

7. Competenze di gestione dei progetti: gli assistenti virtuali devono essere in grado di gestire progetti complessi, compresi la pianificazione, la gestione delle risorse e il controllo di qualità. Ciò richiede la capacità di coordinare le attività di diverse parti interessate e di mantenere il progetto in pista.

In sintesi, diventare un assistente virtuale richiede una vasta gamma di competenze e conoscenze, comprese le capacità organizzative, la comunicazione efficace, la conoscenza tecnologica, le competenze di marketing e vendita, le competenze finanziarie, la capacità di problem solving e le competenze di gestione dei progetti. Gli assistenti virtuali di successo sono in grado di utilizzare queste competenze per offrire un servizio di alta qualità ai propri clienti e per costruire una carriera di successo nell'assistenza virtuale.

Per acquisire queste competenze, gli assistenti virtuali possono partecipare a corsi di formazione, frequentare webinar e conferenze di settore e collaborare con altri assistenti virtuali per imparare le migliori pratiche e le ultime tendenze. È importante anche acquisire esperienza pratica, lavorando con una vasta gamma di clienti e progetti.

Inoltre, gli assistenti virtuali devono essere sempre aggiornati sulle nuove tecnologie, sulle tendenze del mercato e sulle normative fiscali e di contabilità. Questo richiede un impegno costante per la formazione e l'apprendimento continuo.

In conclusione, diventare un assistente virtuale richiede una vasta gamma di competenze e conoscenze. Tuttavia, con l'impegno, la formazione e l'esperienza pratica, gli assistenti virtuali possono costruire una carriera di successo e offrire un servizio di alta qualità ai propri clienti. Se sei una persona organizzata, altamente motivata e desiderosa di fare la differenza nella vita delle persone, diventare un assistente virtuale potrebbe essere la scelta giusta per te.

Identificare le tue abilità per diventare un assistente virtuale

Diventare un assistente virtuale richiede una vasta gamma di competenze e conoscenze, come abbiamo visto nel capitolo precedente. Ma come fai a sapere se hai le abilità giuste per diventare un assistente virtuale di successo?

In questo capitolo, esploreremo alcune delle abilità chiave che sono necessarie per diventare un assistente virtuale di successo e ti aiuteremo a identificare le tue abilità personali.

1. Abilità organizzative: essere organizzati è una parte essenziale del lavoro di assistenza virtuale. Se sei una persona organizzata e sei in grado di gestire efficacemente il tuo tempo, questo è un ottimo punto di partenza per diventare un assistente virtuale.
2. Abilità di comunicazione: la comunicazione è un'abilità chiave per un assistente virtuale, poiché devi essere in grado di comunicare efficacemente con i tuoi clienti e con i membri del team. Se sei una persona socievole e hai ottime abilità comunicative, questo può essere un vantaggio per la tua carriera di assistente virtuale.
3. Conoscenza tecnologica: come abbiamo visto nel capitolo precedente, la conoscenza tecnologica è un'altra abilità chiave per un assistente virtuale. Se sei a tuo agio con la tecnologia digitale e ti piace utilizzare nuovi strumenti e applicazioni, questo può essere un'indicazione che hai le competenze necessarie per diventare un assistente virtuale.

4. Abilità di problem solving: gli assistenti virtuali devono essere in grado di affrontare le sfide e di risolvere i problemi in modo efficace. Se sei una persona creativa e sei in grado di trovare soluzioni innovative ai problemi, questo può essere un'abilità utile per la tua carriera di assistente virtuale.

5. Abilità di gestione dei progetti: gli assistenti virtuali devono essere in grado di gestire progetti complessi e di coordinare le attività di diverse parti interessate. Se sei una persona attenta ai dettagli e sei in grado di pianificare e gestire i progetti, questo può essere un'abilità utile per la tua carriera di assistente virtuale.

Per identificare le tue abilità personali, ti consigliamo di fare un'analisi SWOT (punti di forza, debolezze, opportunità e minacce). Inizia facendo una lista delle tue abilità e competenze. Poi, analizza queste abilità in relazione ai requisiti di un assistente virtuale e valuta le tue abilità in base ai punti di forza, debolezze, opportunità e minacce.

Ad esempio, se sei bravo nella gestione dei progetti ma hai bisogno di migliorare la tua conoscenza tecnologica, puoi concentrarti sulla formazione e sull'apprendimento continuo per migliorare le tue competenze tecnologiche.

Inoltre, è importante valutare anche la tua motivazione e la tua passione per il lavoro di assistenza virtuale. Se sei appassionato di aiutare gli altri e sei motivato a fare la differenza nella vita delle persone, questo può essere un buon indicatore della tua idoneità per diventare un assistente virtuale.

Infine, ricorda che non devi avere tutte le competenze necessarie fin dall'inizio. Molte delle competenze richieste per diventare un assistente virtuale possono essere acquisite attraverso la formazione, l'esperienza pratica e l'apprendimento continuo. Quindi, se hai la passione e la motivazione, puoi sviluppare le abilità necessarie per diventare un assistente virtuale di successo.

In sintesi, per diventare un assistente virtuale di successo, è necessario avere una vasta gamma di competenze e conoscenze. Identificare le tue abilità personali e valutare le tue forze, debolezze, opportunità e minacce può aiutarti a capire se sei adatto per diventare un assistente virtuale. Inoltre, ricorda che molte delle competenze necessarie possono essere acquisite attraverso la formazione e l'apprendimento continuo. Se sei appassionato e motivato, puoi sviluppare le abilità necessarie per diventare un assistente virtuale di successo e costruire una carriera gratificante nella professione dell'assistenza virtuale.

Identificare i tuoi servizi di assistenza virtuale

Ora che hai identificato le tue abilità per diventare un assistente virtuale, è il momento di identificare i servizi che offrirai ai tuoi clienti. Ci sono molte aree di servizio in cui gli assistenti virtuali possono offrire supporto, come ad esempio la gestione del calendario, la pianificazione di eventi, la gestione dei social media, la gestione dei progetti e la gestione delle email.

Per identificare i tuoi servizi di assistenza virtuale, inizia pensando alle tue abilità e competenze. Poi, valuta come queste abilità possono essere utilizzate per aiutare i tuoi clienti a risolvere i loro problemi.

Ecco alcune aree di servizio comuni in cui gli assistenti virtuali possono offrire supporto:

1. Gestione del calendario: molti professionisti e imprenditori hanno un calendario molto impegnativo e hanno bisogno di qualcuno che gestisca il loro calendario per loro. Come assistente virtuale, puoi offrire servizi di gestione del calendario, compresa la programmazione di appuntamenti e la gestione delle cancellazioni.
2. Gestione delle email: la gestione delle email può essere un compito che richiede molto tempo e che può distrarre dal lavoro principale. Come assistente virtuale, puoi offrire servizi di gestione delle email, compresa la risposta alle email in arrivo e la cancellazione di email indesiderate.

3. Gestione dei social media: la gestione dei social media è un'attività che richiede molto tempo e che può essere delegata a un assistente virtuale. Come assistente virtuale, puoi offrire servizi di gestione dei social media, compresa la creazione di contenuti, la pianificazione dei post e la risposta ai commenti dei follower.

4. Pianificazione di eventi: la pianificazione di eventi può richiedere molte ore di lavoro e può essere delegata a un assistente virtuale. Come assistente virtuale, puoi offrire servizi di pianificazione di eventi, compresa la prenotazione di location, la gestione delle registrazioni e la gestione delle comunicazioni con i partecipanti.

5. Gestione dei progetti: la gestione dei progetti è un'attività che richiede molte competenze e conoscenze. Come assistente virtuale, puoi offrire servizi di gestione dei progetti, compresa la pianificazione del progetto, la gestione delle risorse e il controllo di qualità.

Queste sono solo alcune delle aree di servizio in cui gli assistenti virtuali possono offrire supporto. Quando identifichi i tuoi servizi di assistenza virtuale, è importante concentrarti sulle tue abilità e competenze e su come queste possono essere utilizzate per aiutare i tuoi clienti a risolvere i loro problemi.

Inoltre, è importante stabilire dei prezzi competitivi per i tuoi servizi di assistenza virtuale. Dovrai prendere in considerazione il tuo tempo, le tue abilità e la concorrenza del mercato quando decidi quanto addebitare ai tuoi clienti.

In sintesi, identificare i tuoi servizi di assistenza virtuale è un passo importante per avviare la tua carriera di assistente virtuale. Dovresti pensare alle tue abilità e competenze e valutare come queste possono essere utilizzate per aiutare i tuoi clienti a risolvere i loro problemi. Concentrati sulle aree di servizio che meglio corrispondono alle tue abilità e competenze.

Quando stabilisci i prezzi dei tuoi servizi, prendi in considerazione il tuo tempo e le tue competenze, ma anche la concorrenza del mercato. Fai una ricerca sui prezzi dei tuoi concorrenti e fai in modo di offrire prezzi competitivi, ma anche remunerativi per il tuo lavoro.

Una volta che hai identificato i tuoi servizi di assistenza virtuale e hai stabilito i prezzi, è importante creare un portafoglio online che mostri i tuoi servizi e le tue competenze. Il tuo portafoglio online dovrebbe includere una descrizione dei servizi che offri, le tue esperienze precedenti, le tue competenze e i tuoi prezzi. Includi anche i tuoi contatti, in modo che i potenziali clienti possano facilmente contattarti per richiedere i tuoi servizi.

Infine, quando sei pronto a iniziare a offrire i tuoi servizi di assistenza virtuale, è importante che tu ti promuova e ti faccia conoscere nel tuo settore di riferimento. Utilizza i social media, le reti di contatti professionali, i blog e i siti web per promuovere i tuoi servizi e mostrare le tue competenze. Non dimenticare di mantenere un rapporto di fiducia con i tuoi clienti e di offrire loro un servizio di alta qualità e affidabile.

In sintesi, identificare i tuoi servizi di assistenza virtuale è un passo importante per avviare la tua carriera di assistente virtuale. Concentrati sulle tue abilità e competenze, valuta i prezzi competitivi e crea un portafoglio online che mostri i tuoi servizi e le tue competenze. Infine, promuovi i tuoi

servizi per raggiungere nuovi clienti e offri loro un servizio
di alta qualità e affidabile.

Creare un piano aziendale per l'assistenza virtuale

Creare un piano aziendale è un passaggio importante per chiunque voglia avviare un'attività di assistenza virtuale di successo. Un piano aziendale ti aiuta a definire gli obiettivi, le strategie e le azioni necessarie per avviare e far crescere la tua attività di assistenza virtuale.

In questo capitolo, esploreremo come creare un piano aziendale per l'assistenza virtuale e i componenti chiave che dovresti includere.

1. Definire gli obiettivi: il primo passo nella creazione di un piano aziendale per l'assistenza virtuale è definire gli obiettivi che vuoi raggiungere. Questi possono includere obiettivi di reddito, obiettivi di crescita aziendale e obiettivi di marketing. Definire gli obiettivi ti aiuterà a mantenere il focus e ad avere un punto di riferimento per misurare il successo della tua attività.

2. Identificare il tuo mercato di riferimento: il mercato dell'assistenza virtuale è ampio e diversificato. Prima di iniziare a offrire i tuoi servizi, è importante identificare il tuo mercato di riferimento e capire le loro esigenze e le loro aspettative. Questo ti aiuterà a personalizzare i tuoi servizi e a offrire un servizio di alta qualità ai tuoi clienti.

3. Sviluppare un piano di marketing: una volta identificato il tuo mercato di riferimento, è importante sviluppare un piano di marketing efficace. Ci sono molte strategie di marketing che puoi utilizzare, come ad esempio la creazione di un

sito web, la promozione sui social media e la partecipazione a eventi di settore. Il tuo piano di marketing dovrebbe essere personalizzato alle esigenze del tuo mercato di riferimento e dovrebbe aiutarti a raggiungere i tuoi obiettivi di marketing.

4. Identificare i costi e le entrate: identificare i costi e le entrate è un passaggio importante nella creazione di un piano aziendale per l'assistenza virtuale. Dovrai prendere in considerazione i costi associati all'avvio dell'attività, come l'acquisto di attrezzature, la formazione e la promozione. Dovrai anche identificare le fonti di entrate, come i tuoi servizi di assistenza virtuale e le eventuali partnership.

5. Pianificare le operazioni: pianificare le operazioni è un passaggio importante nella creazione di un piano aziendale per l'assistenza virtuale. Dovrai stabilire i processi e le procedure per offrire i tuoi servizi e mantenere un servizio di alta qualità. Questo può includere la definizione delle politiche di fatturazione, la gestione dei progetti e la comunicazione con i clienti.

6. Valutare il tuo piano aziendale: una volta che hai creato un piano aziendale, è importante valutarlo regolarmente per assicurarti che stia funzionando. Dovrai monitorare le tue entrate e i tuoi costi e valutare l'efficacia del tuo piano di marketing. Se noti che ci sono aree che necessitano di miglioramento, dovrai apportare le modifiche necessarie al tuo piano aziendale.

7. Mantenere un'attività sostenibile: infine, è importante mantenere un'attività sostenibile nel tempo. Ciò significa che dovrai essere in grado di coprire i costi associati all'attività e di generare un

reddito sufficiente per vivere. Per mantenere un'attività sostenibile, dovrai continuare a cercare nuovi clienti, a migliorare i tuoi servizi e a mantenere un alto livello di soddisfazione del cliente.

In sintesi, creare un piano aziendale per l'assistenza virtuale è un passo importante per avviare e far crescere la tua attività. Dovrai definire gli obiettivi, identificare il tuo mercato di riferimento, sviluppare un piano di marketing, identificare i costi e le entrate, pianificare le operazioni e valutare il tuo piano aziendale regolarmente. Mantenere un'attività sostenibile nel tempo richiederà impegno e perseveranza, ma con la giusta strategia e il giusto approccio, puoi avviare e far crescere un'attività di assistenza virtuale di successo.

Creare un sito web per il tuo business di assistenza virtuale

Creare un sito web è un passo importante per chiunque voglia avviare un'attività di assistenza virtuale di successo. Il tuo sito web sarà la tua vetrina online, dove i potenziali clienti potranno trovare informazioni sui tuoi servizi, sulle tue competenze e sulle tue esperienze precedenti.

In questo capitolo, esploreremo come creare un sito web per il tuo business di assistenza virtuale e i componenti chiave che dovresti includere.

1. Pianificare il tuo sito web: il primo passo nella creazione di un sito web è pianificare la sua struttura e il suo contenuto. Dovrai pensare ai tuoi obiettivi di marketing e ai messaggi che vuoi trasmettere ai potenziali clienti. Definire gli obiettivi ti aiuterà a mantenere il focus e ad avere un punto di riferimento per misurare il successo del tuo sito web.

2. Scegliere un nome di dominio: il nome di dominio è l'indirizzo web che i potenziali clienti useranno per accedere al tuo sito web. Dovrai scegliere un nome di dominio che sia facile da ricordare e che sia correlato alla tua attività di assistenza virtuale.

3. Scegliere una piattaforma di hosting: la piattaforma di hosting è il servizio che ti permette di pubblicare il tuo sito web online. Dovrai scegliere una piattaforma di hosting che sia affidabile e che ti offra una buona velocità di caricamento.

4. Scegliere un design: il design del tuo sito web è importante perché crea un'immagine professionale e

riflette la tua attività di assistenza virtuale. Dovrai scegliere un design che sia accattivante, facile da navigare e che trasmetta il tuo messaggio in modo chiaro ed efficace.

5. Creare il contenuto: il contenuto del tuo sito web è il messaggio che vuoi trasmettere ai potenziali clienti. Dovrai creare contenuti che siano pertinenti, interessanti e ben strutturati. Il tuo sito web dovrebbe includere informazioni sui tuoi servizi, sulle tue competenze e sulle tue esperienze precedenti.

6. Creare un portafoglio online: il portafoglio online è una sezione del tuo sito web che mostra i tuoi lavori precedenti e le tue competenze. Dovrai creare un portafoglio online che mostri il tuo lavoro, la tua esperienza e le tue competenze.

7. Creare una sezione di contatto: la sezione di contatto è importante perché permette ai potenziali clienti di contattarti. Dovrai creare una sezione di contatto che sia facile da usare e che ti permetta di raccogliere informazioni sui potenziali clienti.

8. Ottimizzazione per i motori di ricerca: l'ottimizzazione per i motori di ricerca (SEO) è importante perché ti aiuta a posizionare il tuo sito web in modo più alto nei risultati di ricerca. Dovrai utilizzare le parole chiave corrette, creare contenuti di alta qualità e ottimizzare i tuoi titoli e le tue meta description.

9. Creare un blog: creare un blog è un modo efficace per mantenere il tuo sito web aggiornato con contenuti freschi e interessanti. Dovrai creare contenuti di alta qualità e condivisibili, in modo che i lettori possano condividere i tuoi post sui social media.

10. Aggiornare il tuo sito web regolarmente: aggiornare il tuo sito web regolarmente è importante per mantenere i visitatori interessati e per migliorare il posizionamento sui motori di ricerca. Dovrai aggiornare il tuo sito web con nuovi contenuti, nuovi progetti e nuove informazioni sui tuoi servizi.

In sintesi, creare un sito web per il tuo business di assistenza virtuale è un passo importante per avviare e far crescere la tua attività. Dovrai pianificare la struttura e il contenuto del sito web, scegliere un nome di dominio, una piattaforma di hosting e un design accattivante. Il tuo sito web dovrebbe includere informazioni sui tuoi servizi, sulle tue competenze e sulle tue esperienze precedenti, un portafoglio online, una sezione di contatto e un blog. Inoltre, dovrai mantenere il tuo sito web aggiornato regolarmente e ottimizzato per i motori di ricerca.

Marketing per il tuo business di assistenza virtuale

Il marketing è un passo importante per chiunque voglia avviare un'attività di assistenza virtuale di successo. Il marketing ti aiuta a promuovere i tuoi servizi, ad attirare nuovi clienti e a far crescere la tua attività.

In questo capitolo, esploreremo come fare marketing per il tuo business di assistenza virtuale e i componenti chiave che dovresti includere.

1. Identificare il tuo mercato di riferimento: il primo passo nella creazione di una strategia di marketing efficace è identificare il tuo mercato di riferimento. Dovrai capire le esigenze e le aspettative dei tuoi potenziali clienti per poter personalizzare i tuoi servizi e attirare nuovi clienti.

2. Sviluppare un piano di marketing: una volta identificato il tuo mercato di riferimento, è importante sviluppare un piano di marketing efficace. Ci sono molte strategie di marketing che puoi utilizzare, come la creazione di un sito web, la promozione sui social media, la partecipazione a eventi di settore e la pubblicità online. Il tuo piano di marketing dovrebbe essere personalizzato alle esigenze del tuo mercato di riferimento e dovrebbe aiutarti a raggiungere i tuoi obiettivi di marketing.

3. Utilizzare i social media: i social media sono un modo efficace per promuovere i tuoi servizi e attirare nuovi clienti. Dovrai scegliere le piattaforme social che meglio si adattano al tuo mercato di riferimento e creare contenuti

interessanti e pertinenti. Utilizzare i social media in modo efficace richiede tempo e dedizione, ma può portare a grandi risultati.

4. Utilizzare la pubblicità online: la pubblicità online è un altro modo efficace per promuovere i tuoi servizi e attirare nuovi clienti. Dovrai scegliere le piattaforme pubblicitarie che meglio si adattano al tuo mercato di riferimento e creare annunci pubblicitari accattivanti e pertinenti. La pubblicità online richiede un investimento finanziario, ma può portare a grandi risultati se utilizzata in modo efficace.

5. Collaborare con altri professionisti: collaborare con altri professionisti del tuo settore può aiutarti a espandere la tua attività e ad attirare nuovi clienti. Potresti collaborare con altri assistenti virtuali o con professionisti in settori correlati.

6. Offrire promozioni e sconti: offrire promozioni e sconti ai potenziali clienti può attirare l'attenzione sulla tua attività e convincere i potenziali clienti a provare i tuoi servizi. Dovrai scegliere le promozioni e gli sconti che meglio si adattano al tuo mercato di riferimento e che non compromettano la tua attività finanziariamente.

7. Richiedere recensioni e testimonianze: le recensioni e le testimonianze dei clienti sono importanti perché possono convincere i potenziali clienti a provare i tuoi servizi. Dovrai chiedere ai tuoi clienti di lasciare recensioni e testimonianze sui tuoi servi su piattaforme come Google My Business, LinkedIn e altre piattaforme di recensioni online. Assicurati di rispondere a tutte le recensioni, sia positive che negative, per dimostrare la tua attenzione ai clienti.

8. Partecipare a eventi di settore: partecipare a eventi di settore può aiutarti a espandere la tua rete professionale e ad attirare nuovi clienti. Dovrai scegliere gli eventi di settore più pertinenti al tuo mercato di riferimento e creare una strategia di networking efficace.

9. Utilizzare la tecnologia: la tecnologia può aiutarti a promuovere i tuoi servizi e a gestire la tua attività in modo più efficiente. Dovrai utilizzare strumenti di automazione del marketing, software di gestione dei progetti e altri strumenti tecnologici per semplificare le tue operazioni quotidiane e migliorare la tua efficienza.

10. Valutare regolarmente la tua strategia di marketing: infine, è importante valutare regolarmente la tua strategia di marketing per assicurarti che sia efficace. Dovrai monitorare le metriche di marketing, come il traffico del sito web, il tasso di conversione e il ROI, e apportare modifiche alla tua strategia di marketing se necessario.

In sintesi, fare marketing per il tuo business di assistenza virtuale è importante per attirare nuovi clienti e far crescere la tua attività. Dovrai identificare il tuo mercato di riferimento, sviluppare un piano di marketing personalizzato, utilizzare i social media e la pubblicità online, collaborare con altri professionisti, offrire promozioni e sconti, richiedere recensioni e testimonianze, partecipare a eventi di settore, utilizzare la tecnologia e valutare regolarmente la tua strategia di marketing. Con la giusta strategia di marketing, puoi attirare nuovi clienti e far crescere la tua attività di assistenza virtuale di successo.

Creare il tuo profilo di assistente virtuale

Creare un profilo di assistente virtuale è un passo importante per chiunque voglia avviare un'attività di assistenza virtuale di successo. Il tuo profilo ti rappresenta online, dove i potenziali clienti possono trovare informazioni sulle tue competenze, sulla tua esperienza e sui tuoi servizi.

In questo capitolo, esploreremo come creare un profilo di assistente virtuale e i componenti chiave che dovresti includere.

1. Identificare il tuo mercato di riferimento: il primo passo nella creazione del tuo profilo di assistente virtuale è identificare il tuo mercato di riferimento. Dovrai capire le esigenze e le aspettative dei tuoi potenziali clienti per poter personalizzare il tuo profilo e attirare nuovi clienti.
2. Scegliere una piattaforma di profilazione: ci sono molte piattaforme di profilazione online dove puoi creare il tuo profilo di assistente virtuale, come LinkedIn, Upwork e Fiverr. Dovrai scegliere la piattaforma di profilazione che meglio si adatta alle tue esigenze e al tuo mercato di riferimento.
3. Scrivere una biografia professionale: la tua biografia professionale è importante perché trasmette le tue competenze, la tua esperienza e il tuo messaggio ai potenziali clienti. Dovrai scrivere una biografia professionale accattivante e pertinente, che mostri le tue abilità e le tue esperienze precedenti.

4. Elencare le tue competenze: l'elenco delle tue competenze è importante perché mostra ai potenziali clienti le tue abilità e le tue capacità. Dovrai elencare le tue competenze in modo chiaro e conciso, con parole chiave pertinenti al tuo mercato di riferimento.

5. Mostrare i tuoi lavori precedenti: mostrare i tuoi lavori precedenti è importante perché dimostra la tua esperienza e la tua competenza nel tuo campo. Dovrai includere i tuoi lavori precedenti nel tuo profilo, mostrando le tue abilità e la tua esperienza.

6. Fornire informazioni sui tuoi servizi: fornire informazioni sui tuoi servizi è importante perché aiuta i potenziali clienti a capire cosa offri. Dovrai fornire informazioni dettagliate sui tuoi servizi, inclusi i prezzi e i pacchetti disponibili.

7. Includere recensioni e testimonianze: le recensioni e le testimonianze dei clienti sono importanti perché dimostrano la tua esperienza e la tua competenza nel tuo campo. Dovrai includere recensioni e testimonianze dei clienti nel tuo profilo, mostrando la tua attenzione ai clienti e la tua capacità di soddisfare le loro esigenze.

8. Utilizzare parole chiave pertinenti: l'utilizzo di parole chiave pertinenti è importante perché aiuta i potenziali clienti a trovare il tuo profilo online. Dovrai utilizzare parole chiave pertinenti al tuo mercato di riferimento nel tuo profilo, per aumentare la visibilità del tuo profilo.

9. Utilizzare immaginie grafica di alta qualità: utilizzare immagini e grafica di alta qualità è importante perché rende il tuo profilo più professionale e accattivante. Dovrai utilizzare immagini di alta qualità e grafica nel tuo profilo,

che mostrino la tua personalità e il tuo stile professionale.

10. Mantenere il tuo profilo aggiornato: mantenere il tuo profilo aggiornato è importante perché mostra la tua attenzione ai clienti e la tua capacità di mantenerti al passo con il tuo campo. Dovrai mantenere il tuo profilo aggiornato con informazioni aggiornate sui tuoi servizi, sulle tue competenze e sulle tue esperienze precedenti.

In sintesi, creare un profilo di assistente virtuale è importante per rappresentarti online e attirare nuovi clienti. Dovrai identificare il tuo mercato di riferimento, scegliere una piattaforma di profilazione, scrivere una biografia professionale accattivante, elencare le tue competenze, mostrare i tuoi lavori precedenti, fornire informazioni sui tuoi servizi, includere recensioni e testimonianze, utilizzare parole chiave pertinenti, utilizzare immagini e grafica di alta qualità e mantenere il tuo profilo aggiornato. Con un profilo di assistente virtuale ben curato, puoi attirare nuovi clienti e far crescere la tua attività di assistenza virtuale di successo.

Gestione del tempo come assistente virtuale

La gestione del tempo è un aspetto importante per chiunque lavori come assistente virtuale. Come assistente virtuale, sei responsabile di gestire il tuo tempo in modo efficiente per poter soddisfare le esigenze dei tuoi clienti e far crescere la tua attività.

In questo capitolo, esploreremo come gestire il tuo tempo come assistente virtuale e i componenti chiave che dovresti includere.

1. Creare un piano di lavoro: il primo passo per gestire il tuo tempo come assistente virtuale è creare un piano di lavoro. Dovrai pianificare le tue attività quotidiane, settimanali e mensili per assicurarti di soddisfare le esigenze dei tuoi clienti e di far crescere la tua attività.
2. Utilizzare un software di gestione del tempo: utilizzare un software di gestione del tempo è un modo efficace per organizzare le tue attività quotidiane. Dovrai scegliere un software di gestione del tempo che si adatta alle tue esigenze e alle tue preferenze personali.
3. Priorizzare le attività: priorizzare le attività è importante perché ti aiuta a concentrarti sulle attività più importanti e urgenti. Dovrai identificare le attività che richiedono la maggior parte del tuo tempo e la tua attenzione e concentrarti su di esse.
4. Evitare le distrazioni: evitare le distrazioni è importante perché ti aiuta a rispettare il tuo piano di lavoro e a gestire il tuo tempo in modo efficace.

Dovrai identificare le distrazioni che possono interferire con il tuo lavoro e adottare misure per evitarle.

5. Organizzare il tuo spazio di lavoro: organizzare il tuo spazio di lavoro è importante perché ti aiuta a lavorare in modo efficiente e a rispettare il tuo piano di lavoro. Dovrai organizzare il tuo spazio di lavoro in modo che sia confortevole e produttivo.

6. Collaborare con altri assistenti virtuali: collaborare con altri assistenti virtuali può aiutarti a gestire il tuo tempo in modo più efficiente. Potresti collaborare con altri assistenti virtuali per condividere il lavoro e la responsabilità.

7. Automatizzare le attività ripetitive: automatizzare le attività ripetitive è importante perché ti aiuta a risparmiare tempo e a lavorare in modo più efficiente. Dovrai utilizzare strumenti di automazione del lavoro, come la gestione dei social media, l'invio di e-mail e altre attività ripetitive.

8. Fare pause regolari: fare pause regolari è importante perché ti aiuta a rigenerare la tua energia e a mantenerti concentrato. Dovrai pianificare le tue pause durante la giornata di lavoro per assicurarti di avere abbastanza tempo per rilassarti e rigenerare la tua energia.

9. Valutare regolarmente la tua gestione del tempo: valutare regolarmente la tua gestione del tempo è importante perché ti aiuta a identificare le aree che richiedono miglioramenti. Dovrai monitorare il tuo tempo di lavoro, identificare i problemi e apportare modifiche al tuo piano di lavoro se necessario.

In sintesi, la gestione del tempo è un aspetto cruciale per chiunque lavori come assistente virtuale. Dovrai creare un piano di lavoro, utilizzare un software di gestione del tempo, priorizzare le attività, evitare le distrazioni, organizzare il tuo spazio di lavoro, collaborare con altri assistenti virtuali, automatizzare le attività ripetitive, fare pause regolari e valutare regolarmente la tua gestione del tempo per assicurarti di gestire il tuo tempo in modo efficiente. Con una buona gestione del tempo, puoi soddisfare le esigenze dei tuoi clienti, far crescere la tua attività di assistenza virtuale e mantenere un equilibrio sano tra vita professionale e vita privata.

Comunicazione con i clienti come assistente virtuale

La comunicazione con i clienti è un aspetto fondamentale per chiunque lavori come assistente virtuale. Come assistente virtuale, devi essere in grado di comunicare in modo efficace e professionale con i tuoi clienti per soddisfare le loro esigenze e far crescere la tua attività.

In questo capitolo, esploreremo come comunicare con i clienti come assistente virtuale e i componenti chiave che dovresti includere.

1. Stabilire una buona comunicazione fin dall'inizio: stabilire una buona comunicazione fin dall'inizio è importante perché aiuta a creare un rapporto di fiducia con i tuoi clienti. Dovrai comunicare in modo chiaro e professionale fin dalla prima interazione con il cliente.

2. Utilizzare strumenti di comunicazione appropriati: utilizzare gli strumenti di comunicazione appropriati è importante perché ti aiuta a comunicare in modo efficace e a rispondere rapidamente alle richieste dei clienti. Dovrai utilizzare gli strumenti di comunicazione che meglio si adattano alle esigenze del cliente, come e-mail, telefono, chat o videoconferenza.

3. Essere disponibile e reattivo: essere disponibile e reattivo è importante perché aiuta a soddisfare le esigenze dei clienti in modo rapido ed efficiente. Dovrai rispondere alle richieste dei clienti nel minor tempo possibile e mostrare la tua attenzione ai loro bisogni.

4. Ascoltare le esigenze dei clienti: ascoltare le esigenze dei clienti è importante perché ti aiuta a capire le loro esigenze e a fornire un servizio personalizzato. Dovrai ascoltare attentamente le richieste dei clienti e fornire soluzioni efficaci alle loro esigenze.

5. Fornire aggiornamenti regolari: fornire aggiornamenti regolari è importante perché aiuta a mantenere i clienti informati sul lavoro che stai svolgendo per loro. Dovrai fornire aggiornamenti regolari sui progressi del lavoro e rispondere alle domande dei clienti in modo rapido ed efficace.

6. Essere professionale e cortese: essere professionale e cortese è importante perché ti aiuta a mantenere un rapporto positivo con i tuoi clienti. Dovrai comunicare in modo cortese e professionale in ogni interazione con il cliente.

7. Rispettare le scadenze: rispettare le scadenze è importante perché ti aiuta a soddisfare le esigenze dei clienti in modo efficace e a mantenere la tua reputazione professionale. Dovrai pianificare il tuo lavoro in modo da rispettare le scadenze dei clienti e avvisarli tempestivamente se ci sono ritardi.

8. Risolvere i problemi in modo efficace: risolvere i problemi in modo efficace è importante perché ti aiuta a mantenere la fiducia dei clienti e a fornire un servizio di alta qualità. Dovrai affrontare i problemi dei clienti in modo rapido ed efficace e fornire soluzioni efficaci alle loro esigenze.

9. Essere empatici: essere empatici è importante perché ti aiuta a comprendere le esigenze

Gestione dei progetti come assistente virtuale

La gestione dei progetti è un aspetto fondamentale per chiunque lavori come assistente virtuale. Come assistente virtuale, sei responsabile di gestire i progetti dei tuoi clienti in modo efficace per soddisfare le loro esigenze e far crescere la tua attività.

In questo capitolo, esploreremo come gestire i progetti come assistente virtuale e i componenti chiave che dovresti includere.

1. Pianificare il progetto: il primo passo per gestire un progetto come assistente virtuale è pianificarlo. Dovrai identificare gli obiettivi del progetto, le scadenze, le risorse necessarie e le attività che devono essere svolte per completarlo.
2. Creare un piano di lavoro: creare un piano di lavoro è importante perché ti aiuta a organizzare le attività del progetto in modo efficace. Dovrai creare un piano di lavoro dettagliato che includa le attività, le scadenze e le risorse necessarie per ogni fase del progetto.
3. Assegnare le attività: assegnare le attività ai membri del team è importante perché ti aiuta a svolgere il lavoro in modo efficace e a rispettare le scadenze del progetto. Dovrai assegnare le attività ai membri del team in base alle loro competenze e alle loro disponibilità.
4. Comunicare con il team: comunicare con il team è importante perché ti aiuta a coordinare le attività e a risolvere eventuali problemi. Dovrai comunicare

regolarmente con il team per fornire aggiornamenti sul progetto e rispondere alle loro domande.

5. Monitorare il progresso del progetto: monitorare il progresso del progetto è importante perché ti aiuta a identificare eventuali problemi e a prendere misure correttive. Dovrai monitorare il progresso del progetto utilizzando strumenti di gestione del progetto e fornire aggiornamenti regolari al cliente.

6. Risolvere i problemi: risolvere i problemi è importante perché ti aiuta a mantenere il progetto sulle giuste linee guida e a rispettare le scadenze. Dovrai affrontare i problemi del progetto in modo rapido ed efficace e fornire soluzioni efficaci alle esigenze del cliente.

7. Valutare il progetto: valutare il progetto è importante perché ti aiuta a identificare i punti di forza e di debolezza del progetto e a prendere misure correttive. Dovrai valutare il progetto al termine del lavoro per identificare le aree che richiedono miglioramenti.

In sintesi, la gestione dei progetti è un aspetto importante per chiunque lavori come assistente virtuale. Dovrai pianificare il progetto, creare un piano di lavoro dettagliato, assegnare le attività ai membri del team, comunicare con il team, monitorare il progresso del progetto, risolvere i problemi e valutare il progetto per assicurarti di gestire i progetti dei clienti in modo efficace. Con una buona gestione dei progetti, puoi soddisfare le esigenze dei clienti in modo efficiente e far crescere la tua attività di assistenza virtuale.

Comunicazione con i clienti come assistente virtuale

La comunicazione con i clienti è un aspetto fondamentale per chiunque lavori come assistente virtuale. Come assistente virtuale, devi essere in grado di comunicare in modo efficace e professionale con i tuoi clienti per soddisfare le loro esigenze e far crescere la tua attività.

In questo capitolo, esploreremo come comunicare con i clienti come assistente virtuale e i componenti chiave che dovresti includere.

1. Stabilire una buona comunicazione fin dall'inizio: stabilire una buona comunicazione fin dall'inizio è importante perché aiuta a creare un rapporto di fiducia con i tuoi clienti. Dovrai comunicare in modo chiaro e professionale fin dalla prima interazione con il cliente.
2. Utilizzare strumenti di comunicazione appropriati: utilizzare gli strumenti di comunicazione appropriati è importante perché ti aiuta a comunicare in modo efficace e a rispondere rapidamente alle richieste dei clienti. Dovrai utilizzare gli strumenti di comunicazione che meglio si adattano alle esigenze del cliente, come e-mail, telefono, chat o videoconferenza.
3. Essere disponibile e reattivo: essere disponibile e reattivo è importante perché aiuta a soddisfare le esigenze dei clienti in modo rapido ed efficiente. Dovrai rispondere alle richieste dei clienti nel minor tempo possibile e mostrare la tua attenzione ai loro bisogni.

4. Ascoltare le esigenze dei clienti: ascoltare le esigenze dei clienti è importante perché ti aiuta a capire le loro esigenze e a fornire un servizio personalizzato. Dovrai ascoltare attentamente le richieste dei clienti e fornire soluzioni efficaci alle loro esigenze.

5. Fornire aggiornamenti regolari: fornire aggiornamenti regolari è importante perché aiuta a mantenere i clienti informati sul lavoro che stai svolgendo per loro. Dovrai fornire aggiornamenti regolari sui progressi del lavoro e rispondere alle domande dei clienti in modo rapido ed efficace.

6. Essere professionale e cortese: essere professionale e cortese è importante perché ti aiuta a mantenere un rapporto positivo con i tuoi clienti. Dovrai comunicare in modo cortese e professionale in ogni interazione con il cliente.

7. Rispettare le scadenze: rispettare le scadenze è importante perché ti aiuta a soddisfare le esigenze dei clienti in modo efficace e a mantenere la tua reputazione professionale. Dovrai pianificare il tuo lavoro in modo da rispettare le scadenze dei clienti e avvisarli tempestivamente se ci sono ritardi.

8. Risolvere i problemi in modo efficace: risolvere i problemi in modo efficace è importante perché ti aiuta a mantenere la fiducia dei clienti e a fornire un servizio di alta qualità. Dovrai affrontare i problemi dei clienti in modo rapido ed efficace e fornire soluzioni efficaci alle loro esigenze.

9. Essere empatici: essere empatici è importante perché ti aiuta a comprendere le esigenze e le preoccupazioni dei clienti. Dovrai mostrare empatia e comprensione quando i clienti hanno problemi o preoccupazioni.

In sintesi, la comunicazione con i clienti è un aspetto importante per chiunque lavori come assistente virtuale. Dovrai stabilire una buona comunicazione fin dall'inizio, utilizzare gli strumenti di comunicazione appropriati, essere disponibile e reattivo, ascoltare le esigenze dei clienti, fornire aggiornamenti regolari, essere professionale e cortese, rispettare le scadenze, risolvere i problemi in modo efficace ed essere empatici. Con una buona comunicazione con i clienti, puoi soddisfare le esigenze dei tuoi clienti in modo efficace e far crescere la tua attività di assistenza virtuale.

Gestione delle finanze come assistente virtuale

La gestione delle finanze è un aspetto fondamentale per chiunque lavori come assistente virtuale. Come assistente virtuale, devi essere in grado di gestire le tue finanze in modo efficace per far crescere la tua attività e ottenere il massimo profitto.

In questo capitolo, esploreremo come gestire le finanze come assistente virtuale e i componenti chiave che dovresti includere.

1. Creare un piano finanziario: creare un piano finanziario è importante perché ti aiuta a identificare i tuoi obiettivi finanziari e a pianificare le attività per raggiungerli. Dovrai definire i tuoi obiettivi finanziari, come il reddito che desideri guadagnare, i costi operativi e le tasse, e stabilire un piano per raggiungerli.
2. Tenere traccia delle entrate e delle spese: tenere traccia delle entrate e delle spese è importante perché ti aiuta a monitorare le tue finanze e a prendere decisioni informate. Dovrai tenere un registro dettagliato delle entrate e delle spese per ogni mese, e assicurarti di avere un'idea chiara del tuo reddito netto.
3. Pianificare il budget: pianificare il budget è importante perché ti aiuta a gestire le spese in modo efficace e a risparmiare denaro. Dovrai pianificare il tuo budget mensile e assicurarti di rispettarlo.
4. Fatturazione e pagamento: la fatturazione e il pagamento sono importanti perché ti aiutano a

gestire le tue entrate in modo efficace. Dovrai inviare fatture ai clienti per i servizi che hai fornito e assicurarti di essere pagato tempestivamente.

5. Risparmiare denaro: risparmiare denaro è importante perché ti aiuta a gestire le tue finanze in modo efficace e a far crescere la tua attività. Dovrai cercare modi per ridurre i costi, come utilizzare strumenti gratuiti o a basso costo, ridurre le spese di marketing o utilizzare servizi di outsourcing.

6. Pianificare per le tasse: pianificare per le tasse è importante perché ti aiuta a evitare problemi con il fisco e a risparmiare denaro. Dovrai pianificare per le tasse in modo efficace e assicurarti di rispettare le scadenze fiscali.

7. Valutare le tue finanze: valutare le tue finanze è importante perché ti aiuta a identificare le aree in cui puoi migliorare. Dovrai valutare le tue finanze regolarmente e apportare modifiche se necessario per far crescere la tua attività.

In sintesi, la gestione delle finanze è un aspetto importante per chiunque lavori come assistente virtuale. Dovrai creare un piano finanziario, tenere traccia delle entrate e delle spese, pianificare il budget, gestire la fatturazione e il pagamento, risparmiare denaro, pianificare per le tasse e valutare le tue finanze regolarmente.

Consulenza legale per il tuo business di assistenza virtuale

La consulenza legale è un aspetto importante per chiunque lavori come assistente virtuale. Come assistente virtuale, devi essere a conoscenza delle leggi e dei regolamenti relativi alla tua attività per evitare problemi legali e proteggere la tua attività.

In questo capitolo, esploreremo l'importanza della consulenza legale per il tuo business di assistenza virtuale e i componenti chiave che dovresti includere.

1. Strutturare la tua attività: strutturare la tua attività è importante perché ti aiuta a scegliere la struttura aziendale giusta e a proteggere la tua attività. Dovrai scegliere la struttura aziendale giusta per il tuo business, come società di persone, società a responsabilità limitata o società di capitali.
2. Registrazione dell'attività: la registrazione dell'attività è importante perché ti aiuta a ottenere le autorizzazioni e le licenze necessarie per esercitare la tua attività. Dovrai registrare la tua attività con le autorità competenti e ottenere tutte le autorizzazioni e le licenze necessarie per esercitare la tua attività.
3. Contratti con i clienti: i contratti con i clienti sono importanti perché ti aiutano a definire i termini e le condizioni del lavoro e a proteggere i tuoi interessi. Dovrai utilizzare contratti scritti con i clienti per definire i termini e le condizioni del lavoro e proteggere i tuoi interessi.
4. Proprietà intellettuale: la proprietà intellettuale è importante perché ti aiuta a proteggere i tuoi diritti

d'autore, brevetti e marchi registrati. Dovrai proteggere i tuoi diritti d'autore, brevetti e marchi registrati per proteggere la tua attività e prevenire la concorrenza sleale.

5. Protezione dei dati e della privacy: la protezione dei dati e della privacy è importante perché ti aiuta a proteggere le informazioni sensibili dei tuoi clienti e a mantenere la tua reputazione professionale. Dovrai proteggere le informazioni sensibili dei tuoi clienti e garantire la conformità alle leggi sulla protezione dei dati e della privacy.

6. Gestione dei dipendenti: la gestione dei dipendenti è importante perché ti aiuta a rispettare le leggi sul lavoro e a mantenere un ambiente di lavoro sicuro e sano. Dovrai rispettare le leggi sul lavoro e fornire un ambiente di lavoro sicuro e sano per i tuoi dipendenti.

7. Risoluzione delle controversie: la risoluzione delle controversie è importante perché ti aiuta a risolvere le controversie in modo rapido ed efficace. Dovrai risolvere le controversie in modo rapido ed efficace per mantenere la tua reputazione professionale e proteggere i tuoi interessi.

In sintesi, la consulenza legale è un aspetto importante per chiunque lavori come assistente virtuale. Dovrai strutturare la tua attività, registrare la tua attività, utilizzare contratti scritti con i clienti, proteggere i tuoi diritti d'autore e della proprietà intellettuale, proteggere i dati e la privacy, gestire i dipendenti e risolvere le controversie in modo efficace. Avrai bisogno di un avvocato esperto che possa guidarti attraverso questi processi e aiutarti a proteggere la tua attività. Assicurati di cercare un avvocato che abbia esperienza nel campo dell'assistenza virtuale e che sia in grado di offrirti la consulenza legale di cui hai bisogno per far crescere la tua attività in modo sicuro ed efficace.

Consulenza fiscale per il tuo business di assistenza virtuale

La consulenza fiscale è un aspetto importante per chiunque lavori come assistente virtuale. Come assistente virtuale, devi essere a conoscenza delle leggi fiscali e dei regolamenti relativi alla tua attività per evitare problemi fiscali e proteggere la tua attività.

In questo capitolo, esploreremo l'importanza della consulenza fiscale per il tuo business di assistenza virtuale e i componenti chiave che dovresti includere.

1. Identificazione del tuo status fiscale: identificare il tuo status fiscale è importante perché ti aiuta a sapere quale tipo di tasse devi pagare. Dovrai identificare il tuo status fiscale, come lavoratore autonomo o impresa, e sapere quali tasse devi pagare.
2. Fatturazione e pagamento delle tasse: la fatturazione e il pagamento delle tasse sono importanti perché ti aiutano a gestire le tue finanze in modo efficace e a evitare problemi fiscali. Dovrai inviare fatture ai clienti per i servizi che hai fornito e assicurarti di pagare le tasse tempestivamente.
3. Deduzioni fiscali: le deduzioni fiscali sono importanti perché ti aiutano a ridurre le tue tasse e a risparmiare denaro. Dovrai conoscere le deduzioni fiscali disponibili per i tuoi costi operativi, come il costo dell'attrezzatura e degli strumenti di lavoro.
4. Pianificazione fiscale: la pianificazione fiscale è importante perché ti aiuta a pianificare le tue tasse e a risparmiare denaro. Dovrai pianificare le tue tasse

in modo efficace e sapere quali deduzioni fiscali puoi utilizzare per ridurre le tue tasse.

5. Conformità fiscale: la conformità fiscale è importante perché ti aiuta a rispettare le leggi fiscali e a evitare problemi con il fisco. Dovrai rispettare le leggi fiscali e assicurarti di compilare le dichiarazioni fiscali in modo accurato e tempestivo.

6. Consulenza fiscale: la consulenza fiscale è importante perché ti aiuta a capire le tue responsabilità fiscali e a risolvere i problemi fiscali. Dovrai cercare un consulente fiscale esperto che possa guidarti attraverso il processo fiscale e rispondere alle tue domande.

In sintesi, la consulenza fiscale è un aspetto importante per chiunque lavori come assistente virtuale. Dovrai identificare il tuo status fiscale, gestire la fatturazione e il pagamento delle tasse, conoscere le deduzioni fiscali disponibili, pianificare le tue tasse, rispettare le leggi fiscali e cercare la consulenza fiscale di un esperto. Con una buona consulenza fiscale, puoi proteggere la tua attività e gestire le tue finanze in modo efficace.

Strumenti e risorse per assistenti virtuali

Come assistente virtuale, ci sono molti strumenti e risorse che puoi utilizzare per semplificare il tuo lavoro e aumentare la tua produttività. In questo capitolo, esploreremo alcuni degli strumenti e delle risorse più utili per gli assistenti virtuali.

1. Piattaforme di gestione del progetto: le piattaforme di gestione del progetto, come Trello o Asana, sono utili per organizzare i tuoi progetti e tenere traccia dei tuoi obiettivi. Questi strumenti ti aiutano a gestire le scadenze, delegare compiti e collaborare con i tuoi clienti.

2. Software di contabilità: i software di contabilità, come Quickbooks o Xero, ti aiutano a gestire le tue finanze in modo efficace. Questi strumenti ti permettono di monitorare le tue entrate e le tue uscite, creare fatture e dichiarazioni dei redditi, e tenere traccia delle tue tasse.

3. Strumenti di videoconferenza: gli strumenti di videoconferenza, come Zoom o Skype, sono essenziali per comunicare con i tuoi clienti e partecipare a riunioni a distanza. Questi strumenti ti permettono di comunicare in tempo reale, collaborare con i tuoi clienti e partecipare a riunioni a distanza.

4. Strumenti di marketing: gli strumenti di marketing, come Mailchimp o Canva, sono utili per promuovere il tuo business di assistenza virtuale. Questi strumenti ti permettono di creare newsletter,

promuovere i tuoi servizi sui social media e creare materiale promozionale.

5. Strumenti di automazione: gli strumenti di automazione, come Zapier o IFTTT, sono utili per automatizzare le tue attività e risparmiare tempo. Questi strumenti ti permettono di automatizzare compiti ripetitivi, come l'invio di e-mail o la creazione di fatture.

6. Risorse online: ci sono molte risorse online, come forum di assistenti virtuali o blog di business, che possono essere utili per imparare nuove abilità e connettersi con altri assistenti virtuali. Queste risorse possono fornire informazioni preziose sulla gestione del business, le tendenze del settore e le opportunità di networking.

In sintesi, come assistente virtuale, ci sono molti strumenti e risorse che puoi utilizzare per semplificare il tuo lavoro e aumentare la tua produttività. Le piattaforme di gestione del progetto, i software di contabilità, gli strumenti di videoconferenza, gli strumenti di marketing, gli strumenti di automazione e le risorse online sono solo alcune delle opzioni disponibili per te. Esplora queste risorse per trovare quelle più adatte alle tue esigenze e migliorare il tuo lavoro come assistente virtuale.

Collaborare con altri assistenti virtuali

Collaborare con altri assistenti virtuali può essere un'opportunità unica per migliorare il tuo business e ampliare la tua rete di contatti. In questo capitolo, esploreremo i benefici della collaborazione con altri assistenti virtuali e come puoi iniziare a collaborare con successo.

1. Condivisione di risorse: la collaborazione con altri assistenti virtuali può portare a una maggiore condivisione di risorse, come strumenti di gestione del progetto, risorse di marketing e informazioni sulla contabilità. Questa condivisione di risorse può portare a una maggiore produttività e a una maggiore efficienza nel tuo business.
2. Divisione del lavoro: la collaborazione con altri assistenti virtuali può anche portare alla divisione del lavoro. Potresti trovare altri assistenti virtuali che hanno abilità complementari alle tue e che possono aiutarti a gestire il carico di lavoro in modo più efficiente.
3. Supporto e mentoring: la collaborazione con altri assistenti virtuali può anche portare a un maggiore supporto e mentoring. Potresti trovare altri assistenti virtuali che hanno esperienza e conoscenze che possono condividere con te, aiutandoti a migliorare il tuo lavoro e la tua attività.
4. Networking: la collaborazione con altri assistenti virtuali può anche portare a un maggiore networking. Potresti incontrare altri assistenti virtuali che lavorano con clienti simili ai tuoi o che

hanno contatti che possono aiutarti a trovare nuovi clienti o opportunità di lavoro.

Per iniziare a collaborare con altri assistenti virtuali, ci sono alcune cose che puoi fare:

1. Partecipare a gruppi di assistenti virtuali online o offline: ci sono molti gruppi di assistenti virtuali su Facebook, LinkedIn e altri social media. Partecipare a questi gruppi può aiutarti a connetterti con altri assistenti virtuali e trovare opportunità di collaborazione.
2. Organizzare eventi di networking: organizzare eventi di networking può essere un'ottima opportunità per incontrare altri assistenti virtuali e connettersi con loro.
3. Collaborare su progetti: potresti trovare altri assistenti virtuali che stanno lavorando su progetti simili ai tuoi o che hanno bisogno di aiuto con progetti specifici. La collaborazione su questi progetti può essere un'opportunità per condividere conoscenze ed esperienze e aumentare la produttività.

In sintesi, collaborare con altri assistenti virtuali può portare a molti benefici per il tuo business. La condivisione di risorse, la divisione del lavoro, il supporto e mentoring e il networking sono solo alcuni dei benefici che puoi ottenere dalla collaborazione con altri assistenti virtuali. Per iniziare a collaborare con successo, partecipa a gruppi di assistenti virtuali, organizza eventi di networking e cerca opportunità di collaborazione su progetti specifici.

Offrire un'esperienza clienti di alto livello come assistente virtuale

Come assistente virtuale, fornire un'esperienza cliente di alta qualità è essenziale per il successo del tuo business. In questo capitolo, esploreremo alcuni dei modi in cui puoi offrire un'esperienza cliente di alto livello come assistente virtuale.

1. Comunicazione chiara e tempestiva: la comunicazione è la chiave per offrire un'esperienza cliente di alta qualità. Assicurati di comunicare in modo chiaro e tempestivo con i tuoi clienti, rispondendo alle loro e-mail e chiamate il più rapidamente possibile.

2. Personalizzazione dei servizi: i tuoi clienti sono unici e le loro esigenze possono variare. Personalizza i tuoi servizi per soddisfare le esigenze specifiche di ciascun cliente, fornendo soluzioni personalizzate e adattate alle loro esigenze.

3. Trasparenza e affidabilità: i tuoi clienti si aspettano di poter contare su di te e sulla tua professionalità. Sii trasparente e affidabile, rispettando le scadenze e fornendo un servizio di alta qualità.

4. Condivisione di risorse e conoscenze: condividi risorse e conoscenze con i tuoi clienti, offrendo suggerimenti e consigli su come migliorare il loro business. Questa condivisione può portare a una maggiore fiducia e rispetto reciproco.

5. Offrire un servizio di assistenza clienti di alta qualità: assicurati di fornire un servizio di assistenza clienti di alta qualità, rispondendo alle domande dei tuoi clienti e fornendo supporto quando necessario.

Questo può aiutare a costruire una relazione di fiducia e a mantenere i tuoi clienti soddisfatti.

6. Mantenere la confidenzialità: come assistente virtuale, lavori spesso con informazioni riservate dei tuoi clienti. Mantieni la confidenzialità di queste informazioni e rispetta la privacy dei tuoi clienti.

Per offrire un'esperienza cliente di alto livello, è importante avere una mentalità orientata al cliente e fare del loro successo la tua priorità. Fornisci un servizio personalizzato e adattato alle esigenze di ciascun cliente e mantieni una comunicazione trasparente e affidabile. Condividi risorse e conoscenze con i tuoi clienti e fornisci un servizio di assistenza clienti di alta qualità. Infine, mantieni la confidenzialità e rispetta la privacy dei tuoi clienti.

In sintesi, offrire un'esperienza cliente di alto livello è essenziale per il successo del tuo business come assistente virtuale. Metti sempre i tuoi clienti al primo posto, fornendo un servizio personalizzato e adattato alle loro esigenze. Mantieni una comunicazione trasparente e affidabile, condividi risorse e conoscenze e fornisce un servizio di assistenza clienti di alta qualità. Seguendo questi consigli, puoi offrire un'esperienza cliente di alta qualità e aumentare il successo del tuo business come assistente virtuale.

Gestione di situazioni difficili come assistente virtuale

Come assistente virtuale, ci saranno momenti in cui dovrai affrontare situazioni difficili con i tuoi clienti. In questo capitolo, esploreremo alcune delle situazioni difficili più comuni che potresti incontrare come assistente virtuale e come gestirle con successo.

1. Clienti insoddisfatti: se un cliente non è soddisfatto del tuo lavoro, è importante prendere in considerazione le loro preoccupazioni e trovare una soluzione per risolvere il problema. Chiedi loro quali sono le loro preoccupazioni e ascolta attentamente ciò che hanno da dire. Cerca di trovare una soluzione che soddisfi entrambe le parti e comunica in modo chiaro e trasparente con il tuo cliente.

2. Scadenze stringenti: potresti trovarsi in una situazione in cui hai scadenze stringenti da rispettare e non sei sicuro di riuscire a completare il lavoro in tempo. In questo caso, è importante comunicare tempestivamente con il tuo cliente e chiedere un'estensione del termine se necessario. Inoltre, pianifica il tuo lavoro in modo da evitare situazioni di stress e tensione dell'ultimo minuto.

3. Problemi tecnici: potresti incontrare problemi tecnici, come la perdita di dati o problemi con il software. In questo caso, cerca di risolvere il problema il più rapidamente possibile e informa il tuo cliente della situazione. Cerca di mantenere una comunicazione aperta e trasparente durante la risoluzione del problema.

4. Incomprensioni: potresti trovarsi in situazioni in cui il tuo cliente ha aspettative diverse da quelle che hai compreso. In questo caso, cerca di avere una conversazione aperta e onesta con il tuo cliente per capire meglio le loro esigenze e aspettative. Cerca di trovare una soluzione che soddisfi entrambe le parti e chiarisci le aspettative per evitare malintesi futuri.

5. Pagamenti in ritardo o mancati: potresti trovarsi in una situazione in cui il tuo cliente non paga in tempo o non paga affatto. In questo caso, comunica con il tuo cliente in modo chiaro e professionale e cerca di risolvere la situazione il più rapidamente possibile. Se necessario, valuta l'opzione di adottare misure legali per recuperare il pagamento.

In sintesi, come assistente virtuale, dovrai affrontare situazioni difficili con i tuoi clienti. È importante affrontare queste situazioni in modo professionale e trasparente, ascoltando le preoccupazioni dei tuoi clienti e cercando di trovare una soluzione che soddisfi entrambe le parti. Mantieni una comunicazione aperta e trasparente durante la risoluzione del problema e pianifica il tuo lavoro in modo da evitare situazioni di stress e tensione dell'ultimo minuto. Infine, se necessario, valuta l'opzione di adottare misure legali per proteggere i tuoi diritti come assistente virtuale.

In sintesi, la gestione di situazioni difficili come assistente virtuale richiede una buona dose di empatia, comunicazione trasparente e capacità di risolvere problemi. È importante mantenere la calma e affrontare le situazioni in modo professionale, cercando sempre di trovare una soluzione che soddisfi entrambe le parti. Ricorda che la gestione di situazioni difficili è un'opportunità per dimostrare la tua professionalità e la tua capacità di risolvere problemi in modo efficace. Con il giusto approccio, puoi trasformare una situazione difficile in un'opportunità per rafforzare la tua relazione con il cliente e migliorare il successo del tuo business come assistente virtuale.

In conclusione, gestire situazioni difficili come assistente virtuale è una parte essenziale del tuo lavoro. È importante mantenere la calma e affrontare le situazioni in modo professionale, cercando sempre di trovare una soluzione che soddisfi entrambe le parti. Mantieni una comunicazione aperta e trasparente con i tuoi clienti durante la risoluzione del problema e pianifica il tuo lavoro in modo da evitare situazioni di stress e tensione dell'ultimo minuto. Con il giusto approccio, puoi trasformare le situazioni difficili in opportunità per migliorare la tua professionalità e il successo del tuo business come assistente virtuale.

Evoluzione e crescita come assistente virtuale

Essere un assistente virtuale può essere un lavoro molto gratificante, ma anche impegnativo. In questo capitolo, esploreremo alcune delle sfide che potresti incontrare mentre cresci come assistente virtuale e come affrontarle.

1. Espansione del business: se il tuo business di assistenza virtuale sta crescendo, potresti dover considerare l'assunzione di altri assistenti virtuali per soddisfare la domanda dei tuoi clienti. In questo caso, è importante valutare attentamente i costi e i benefici dell'assunzione di altri assistenti virtuali e assicurarsi di avere i processi giusti in atto per garantire una transizione fluida.

2. Acquisizione di nuove abilità: come assistente virtuale, è importante essere in grado di adattarsi alle nuove tecnologie e alle esigenze dei tuoi clienti. Considera l'acquisizione di nuove abilità, come la programmazione o il marketing digitale, per espandere le tue offerte di servizi e mantenerti al passo con le tendenze del mercato.

3. Fiducia dei clienti: per crescere come assistente virtuale, è importante costruire una buona reputazione tra i tuoi clienti. Assicurati di mantenere una comunicazione aperta e trasparente con i tuoi clienti e di offrire un servizio di alta qualità. Inoltre, chiedi ai tuoi clienti di lasciare recensioni e testimonianze per aumentare la tua visibilità online.

4. Gestione del tempo: come assistente virtuale, il tuo tempo è prezioso e potresti dover gestirlo in modo

più efficiente per soddisfare le esigenze dei tuoi clienti e gestire il tuo business. Considera l'utilizzo di strumenti di gestione del tempo, come app di pianificazione o tecniche di gestione del tempo come la tecnica Pomodoro, per massimizzare la tua produttività e ridurre lo stress.

5. Networking: partecipare a eventi e conferenze per assistenti virtuali può essere un'ottima opportunità per incontrare altri professionisti del settore e acquisire nuove idee e opportunità di business. Mantieniti aggiornato sulle ultime tendenze e tecniche del settore e cerca di creare una rete di contatti per supporto e collaborazione.

In sintesi, per crescere come assistente virtuale è importante adattarsi alle nuove tecnologie e alle esigenze dei clienti, mantenere una comunicazione aperta e trasparente, costruire una reputazione solida e gestire il tempo in modo efficace. Inoltre, partecipare a eventi di networking e conferenze può aiutarti a creare una rete di contatti preziosa per la crescita del tuo business.

Infine, ricorda che la crescita come assistente virtuale richiede impegno e dedizione costante. Continua a formarti e a sviluppare le tue abilità, segui le tendenze del mercato e offri un servizio di alta qualità ai tuoi clienti per ottenere successo a lungo termine nel tuo business di assistenza virtuale.

Conclusioni e prossimi passi per diventare un assistente virtuale di successo

Congratulazioni! Se sei arrivato fino a questo capitolo, hai già fatto molti progressi nel tuo percorso per diventare un assistente virtuale di successo. In questo capitolo, esploreremo alcune considerazioni finali e i prossimi passi per il tuo successo come assistente virtuale.

1. Continua a formarti: il mondo dell'assistenza virtuale è in continua evoluzione e per avere successo è importante essere sempre aggiornati sulle ultime tecnologie e tendenze del settore. Considera di seguire corsi di formazione online, partecipare a webinar o leggere blog del settore per mantenerti aggiornato e acquisire nuove abilità.

2. Fai rete con altri assistenti virtuali: come assistente virtuale, potresti sentirti isolato, ma ci sono molti gruppi e community online che possono offrirti supporto e consigli. Cerca gruppi su social media come Facebook o LinkedIn, partecipa a forum di assistenti virtuali o unisciti a community di coworking per incontrare altri professionisti del settore.

3. Crea un'offerta di servizi unica: per distinguerti dalla concorrenza, cerca di creare un'offerta di servizi unica che soddisfi le esigenze specifiche dei tuoi clienti. Considera di offrire pacchetti personalizzati o di specializzarti in un settore specifico, come il marketing digitale o la contabilità.

4. Mantieni una comunicazione aperta e trasparente: la comunicazione è fondamentale per la tua relazione con i clienti come assistente virtuale. Assicurati di mantenere una comunicazione aperta e trasparente e di fornire regolari aggiornamenti sui progetti in corso. Inoltre, chiedi feedback ai tuoi clienti per migliorare continuamente il tuo servizio.

5. Gestisci il tuo tempo in modo efficace: come assistente virtuale, il tuo tempo è prezioso e devi gestirlo in modo efficace per soddisfare le esigenze dei tuoi clienti e gestire il tuo business. Considera di utilizzare strumenti di gestione del tempo, come app di pianificazione o tecniche di gestione del tempo come la tecnica Pomodoro, per massimizzare la tua produttività e ridurre lo stress.

In sintesi, diventare un assistente virtuale di successo richiede impegno e dedizione costante. Continua a formarti e a sviluppare le tue abilità, fai rete con altri assistenti virtuali, crea un'offerta di servizi unica, mantieni una comunicazione aperta e trasparente e gestisci il tuo tempo in modo efficace. Con il giusto approccio, puoi creare un business di assistenza virtuale di successo e raggiungere i tuoi obiettivi professionali.

In conclusione, speriamo che questo libro ti abbia fornito informazioni utili e ispirazione per diventare un assistente virtuale di successo. Ricorda che il successo richiede tempo, dedizione e pazienza, ma con il giusto approccio e la giusta mentalità, puoi raggiungere i tuoi obiettivi e costruire una carriera soddisfacente e redditizia come assistente virtuale. Se sei appassionato del lavoro di assistente virtuale e hai la giusta mentalità imprenditoriale, puoi costruire un business di successo che ti offra flessibilità, libertà e la possibilità di lavorare con clienti e progetti interessanti.

Inoltre, ricorda che il successo come assistente virtuale dipende dalla qualità del tuo lavoro e dalla tua capacità di fornire un servizio di alta qualità ai tuoi clienti. Assicurati di mettere sempre i bisogni dei tuoi clienti al primo posto e di fornire un servizio professionale, affidabile e di alta qualità.

Infine, non dimenticare di celebrare i tuoi successi e di riconoscere i tuoi progressi lungo il percorso. Diventare un assistente virtuale di successo richiede lavoro e dedizione costante, ma con la giusta attitudine e i giusti strumenti, puoi raggiungere i tuoi obiettivi e realizzare il tuo sogno di diventare un assistente virtuale di successo.

Ti auguriamo buona fortuna nel tuo percorso come assistente virtuale e ti ringraziamo per aver scelto di leggere questo libro!

Grazie per aver letto questo libro sull'assistenza virtuale! Speriamo che tu abbia trovato le informazioni utili e interessanti, e che ti abbiano aiutato a capire meglio il mondo dell'assistenza virtuale.

Se hai trovato questo libro utile, ti chiediamo gentilmente di lasciare una recensione positiva per aiutare altri lettori a scoprire e apprezzare questo libro. La tua opinione è importante per noi e ci aiuta a migliorare e a creare contenuti di valore per i nostri lettori.

Grazie ancora per aver scelto di leggere questo libro sull'assistenza virtuale. Speriamo che ti sia stato di grande aiuto e ti auguriamo buona fortuna nel tuo percorso come assistente virtuale!

www.ingramcontent.com/pod-product-compliance
Lightning Source LLC
Chambersburg PA
CBHW071048220526
45467CB00004B/1728